글 김해철

작은 실천이 세상을 바꿀 수 있다는 믿음으로 의미 있는 이야기를 전하고 싶습니다.

그림 안준석

미술대학에서 회화를 전공하고 illuststory에서 프리랜서 작가로 활동하고 있습니다. 전래, 명작, 창작 등 다양한 작품을 해 왔고, 단행본으로 《달항아리》《아름다운꿈》《뿔셋달린소》《의기 월이 이야기》《거북산의 돌탑》《의령이야기》《보물섬 독도네 보물 바위》《원숭이와 늘보씨》《여우 굴 괴물》《그림 숲의 호랑이》《토리 이야기》《생각하는 초콜릿나무》《고추잠자리》《비밀 서랍》《은행나무와 공룡》《고집불통 거북이》등 다수의 작품이 있습니다. 사람들에게 꿈과 희망을 주고 인간적 감성이 살아 있는 그림을 그리고 싶습니다.
한 세대가 가고 또 한 세대가 가도 남을 작품과 그림책 작가이길 소망합니다.

쓰레기 섬 괴물

발행 2025년 5월 6일

글 김해철
그림 안준석

펴낸곳 춘희네책방
편집 서정빈 김혜영
디자인 EEdesign
출판등록 2022년 2월 11일
주소 10938 경기 파주시 조리읍 두루봉로 40
전화 070-4849-5119 팩스 070-8677-3931
이메일 choonybook@naver.com

글 ⓒ 김해철, 2025
그림 ⓒ 안준석, 2025

ISBN 979-11-93277-25-6(77810)

- 책값은 뒤표지에 있습니다.
- 잘못된 책은 구입하신 곳에서 바꿔 드립니다.
- KC마크는 이 제품이 공통안전기준에 적합하였음을 의미합니다.

쓰레기 섬 괴물

김해철 글 안준석 그림

춘희네책방

2020년, 텔레비전에서 아나운서의 목소리가 들렸습니다.
"2020년 대한민국이 플라스틱 폐기물 배출량 세계 1위라는 충격적인
소식입니다. 연간 1인당 208kg의 플라스틱 쓰레기를 배출했다고 합니다."
이어 태평양의 쓰레기 섬에 관한 이야기도 전했습니다.
"북태평양 한가운데 있는 세계 최대의 해양 플라스틱 쓰레기 섬으로,
크기는 우리나라 면적의 16배입니다. 일부 사람들이 무분별하게 버린
쓰레기는 하천을 따라 바다로 흘러갔고, 쓰레기 섬은
지금도 점점 커지고 있습니다."

시간은 흘러 태평양에 있는 쓰레기 섬에서 이상한 일이 벌어지기 시작했어요.
쓰레기들은 하나둘씩 달라붙기 시작하더니
몸통이 생기고 팔과 다리가 생기고 얼굴도 생겼어요.
쓰레기 섬은 플라스틱 괴물로 변하고 있었어요.

쓰레기 섬 괴물은 말을 하고 싶었어요.
마침, 바다에 둥둥 떠다니는 라디오와 확성기를 발견했어요.
치지직- 아, 아, 치지직-
"나는 누구지? 누가 만들었지? 내 고향은 어디지?"

치 치 직

괴물은 무작정 바다를 가로질러 걷기 시작했어요. 태평양 한가운데 다다르자,
커다란 화물선이 보였어요. 괴물이 한 발짝 한 발짝 걸어갈 때마다 엄청난 파도가 일었어요.
"으악! 괴물이다!!! 살려줘!"
"치직, 치지직- 나는…… 누구예요?"
라디오에서 괴물의 목소리가 흘러나왔어요.
잔뜩 겁을 먹은 선원들은 괴물을 올려다보았어요.
괴물의 몸에는 여러 나라 상표의 쓰레기들이 덕지덕지 붙어 있었어요.
병뚜껑, 편의점 도시락 용기, 과자 봉지, 음료수 캔이 모여 만들어진 괴물이었어요.

치직

"나를, 치지직- 누가 이렇게 만들었어요?"
선원들이 말했어요.
"음…… 사람들이 버린 쓰레기 때문인 것 같아요."
"나는 어디에서 왔어요? 치직-"
그때 한 선원이 외쳤어요.
"어! 한글이다. 우리나라 쓰레기도 많이 보이네."
"그럼, 내 고향은 한국인가요?"
"세계 각지의 쓰레기도 많아요. 그중 한글로 된 쓰레기가 보여서요."
괴물은 한국이 어디 있는지 물어본 후,
태평양을 건너 한국으로 가기 시작했어요.

쓰레기 섬 괴물은 생각했어요.
'사람들이 나를 왜 만들었을까? 한국에 돌아가면 사람들이 날 반겨 줄까?'
드넓은 바다에는 곳곳에 쓰레기 더미가 떠다니고 있었어요.
쓰레기 섬 괴물은 바다 쓰레기들을 건져서 몸에 붙였어요.
고래 입에 붙어 있는 폐그물을 떼어주고, 거북이의 코에 박혀있는 빨대도 뽑아줬어요.
바다가 깨끗해진 만큼 쓰레기 섬 괴물의 몸은 점점 커져갔어요.

전 세계에서 쓰레기 섬 괴물을 취재했고,
바다를 건너 한국으로 오고 있다는 이야기가 뉴스로 보도되었어요.
'바다의 괴물 한국으로 진격. 이대로 한국은 괴물에 무너지는가.'

한국에 거의 다다르자 작은 고깃배들이 하나둘 보였어요.
어부들은 거대한 형체가 다가오자 놀라 소리쳤어요.
"저리 가! 이 쓰레기 괴물아!"
"치직- 고향 사람들! 반가워요. 그런데 왜 화를 내는 거지?"
어부들이 말했어요.
"너 때문에 쓰레기 바다가 됐잖아! 더러워! 다가오지 마!"
"나는 바다 쓰레기들이 모여 만들어졌고, 이 쓰레기들은
사람들이 버린 거 아니에요? 다른 곳으로 가도 어차피
나는 다시 바다로 갈 텐데…… 어디로 돌아가야 하는지 알려줘요."
"몰라! 당장 우리 바다에서 나가!"
어부들은 괴물이 오지 못하게 막았어요.
한편, 뒤에서 지켜보던 어부는 마음 한구석이
편치 않았어요.

며칠 전 어부들이 배에서 낚시할 때였어요.
갑자기 큰 파도가 일자 배에 있던 쓰레기가 바다로 떨어졌어요.
바다 위에는 먹다 남은 음료수 병, 플라스틱 반찬통,
쓰레기 봉지가 둥둥 떠다녔어요.
"어떡하지……?"
어부들은 발만 동동 구를뿐이었어요.
"파도가 높으니까 그냥 돌아갑시다."

어부는 그때의 기억이 생각났어요.
"미안하네. 네가 만들어진 건 아무래도 우리의 잘못도 있는 것 같네."

어부는 괴물의 몸에 붙은 폐그물과 쓰레기들 일부를 배에 실었어요.
보고있던 다른 어부들도 힘을 모았어요.
배는 쓰레기로 가득 찼고, 괴물의 몸에 붙어있는 모든 쓰레기를 처리하기엔 역부족이었어요.
어부가 말했어요.
"미안하구나. 앞으로는 우리도 폐그물이나 폐부표를 잘 수거하고 쓰레기를 바다에 버리는 일이 없게 노력하마."
쓰레기를 가득 실은 배는 항구로 돌아갔어요.
홀로 남겨진 괴물은 다시 앞으로 나아가기 시작했어요.

먼바다를 건너온 쓰레기 섬 괴물은 고층 빌딩만 한 크기였어요.
한 걸음 한 걸음 발을 뗄 때마다 괴물의 몸에서 떨어지는 쓰레기는
마치 하늘에서 폭탄이 떨어지는 것 같았어요.
놀란 사람들은 머리 위로 떨어지는 쓰레기를 피하며 도망 다녔어요.
쓰레기 섬 괴물이 말했어요.
"치지직- 제가 돌아왔어요. 여러분이 만들어준 제가 돌아왔어요!"
하지만 사람들은 화를 내며 소리쳤어요.
"저리 꺼져! 사라져라! 괴물아!"

괴물은 아무도 자신을 환영하지 않는다는 사실에 너무나 슬퍼서
엉엉 울었어요. 눈에서는 플라스틱 눈물이 마구 떨어졌어요.
"치직- 고향으로 돌아오고 싶었을 뿐인데, 정작 나를 만들어준
사람들은 왜 나를 싫어하는 거야?"
괴물의 눈에서 더 많은 플라스틱이 쏟아져 나왔고,
울면 울수록 괴물의 몸은 점점 작아졌어요.

한 아이가 괴물이 흘린 플라스틱 눈물을 주웠어요.
옆에 있던 엄마가 '더럽게 뭐 하는 거야!'라며 핀잔을 줬어요.
"재활용하려고 했어."
아이의 말을 듣고 주변으로
한 명 두 명 사람들이 모여들었고
괴물이 흘린 쓰레기 눈물은
점점 사라지고 있었어요.
아이의 작은 행동과 말이 주변 사람들의
마음을 움직였어요.

사람들은 한데 엉켜있는 쓰레기를 각각 분류했어요.
플라스틱은 플라스틱끼리, 캔은 캔끼리, 유리는 유리끼리.
이 광경은 실시간으로 방송되었고 전국 각지의 사람들이
쓰레기 섬 괴물이 있는 곳으로 몰려들었어요.
그리고 괴물의 몸에서 떨어진 쓰레기를 다 함께 분류하기 시작했어요.
"애초에 쓰레기를 아무 데나 버리지 않고, 분리수거를 잘했으면
네가 이렇게 고통받지 않았을 텐데 미안하구나."
분류한 쓰레기를 실은 재활용 차가 쉴 새 없이 움직였어요.

괴물의 몸은 어느새 절반의 크기로 작아졌어요.
"이제 저는 어떻게 되나요?"
분리수거를 하던 아저씨가 말했어요.
"페트병 같은 플라스틱은 세척을 하고 잘게 부숴 합성 섬유로 만들고
옷이나 부직포, 시트지, 넥타이 같은 의류로 다시 만들어진단다.
그리고 음료수 캔 같은 알루미늄 캔은 제철소에서 녹인 다음
다시 캔으로 태어날 수 있지.
아무 데나 버리지 않고 분리수거를 잘했다면 이런 일이 생기지
않았을 텐데……. 네가 여기로 오면서 많은 바다 쓰레기를 가져와서
쓰레기가 이렇게 많아졌지만, 네 덕에 바다는 그만큼 깨끗해졌단다.
곧 다시 만날 수 있으니, 너무 걱정 말거라."

사람들이 힘을 합쳐 분리한 쓰레기들은
더 유용한 물건이 되기 위해
재활용 센터로 들어갔어요.
괴물의 몸은 흔적 없이 사라져 갔고,
마지막으로 괴물의 입에 있던 라디오만
덩그러니 남게 되었어요.

"치직치직- 고마워요. 우리 다시 만나요!"

따뜻한 날씨에 한강으로 소풍을 나온 사람들이 많았어요.
폐자원으로 만든 돗자리, 플라스틱을 재활용해서 만든 운동복과
신발을 신고 운동하는 사람들.
다시 만들어진 음료수 캔, 폐그물로 만든 자동차 시트와 타이어.
그때, 돗자리 위에 있던 스피커에서 소리가 들렸어요.
치직- 치익-
"내가 새롭게 돌아왔어. 다시 만나서 반가워."